TRANZLATY
Language is for everyone
Språk är till för alla

The Little Mermaid

Den Lilla Sjöjungfrun

Hans Christian Andersen

English / Svenska

Copyright © 2023 Tranzlaty
All rights reserved.
Published by Tranzlaty
ISBN: 978-1-83566-944-0
Original text by Hans Christian Andersen
Den Lille Havfrue
First published in Danish in 1837
www.tranzlaty.com

The Sea King's Palace
Sjökungens palats

Far out in the ocean, where the water is blue
Långt ute i havet, där vattnet är blått
here the water is as blue as the prettiest cornflower
här är vattnet blått som den vackraste blåklinten
and the water is as clear as the purest crystal
och vattnet är lika klart som den renaste kristallen
this water, far out in the ocean is very, very deep
det här vattnet, långt ute i havet, är väldigt, väldigt djupt
water so deep, indeed, that no cable could reach the bottom
vatten så djupt att ingen kabel kunde nå botten
you could pile many church steeples upon each other
man kunde stapla många kyrktorn på varandra
but all the churches could not reach the surface of the water
men alla kyrkorna kunde inte nå vattenytan
There dwell the Sea King and his subjects
Där bor sjökungen och hans undersåtar
you might think it is just bare yellow sand at the bottom
du kanske tror att det bara är kal gul sand längst ner
but we must not imagine that there is nothing there
men vi får inte inbilla oss att det inte finns något där
on this sand grow the strangest flowers and plants
på denna sand växer de konstigaste blommor och växter
and you can't imagine how pliant the leaves and stems are
och du kan inte föreställa dig hur smidiga bladen och stjälkarna är
the slightest agitation of the water causes the leaves to stir
den minsta omrörning av vattnet får bladen att röra om
it is as if each leaf had a life of its own
det är som om varje löv hade sitt eget liv
Fishes, both large and small, glide between the branches
Fiskar, både stora och små, glider mellan grenarna
just like when birds fly among the trees here upon land
precis som när fåglar flyger bland träden här på land

In the deepest spot of all stands a beautiful castle
På den djupaste platsen av alla står ett vackert slott
this beautiful castle is the castle of the Sea King
detta vackra slott är Sea Kings slott
the walls of the castle are built of coral
slottets väggar är byggda av korall
and the long Gothic windows are of the clearest amber
och de långa gotiska fönstren är av klaraste bärnsten
The roof of the castle is formed of sea shells
Slottstaket är format av snäckskal
and the shells open and close as the water flows over them
och skalen öppnas och stängs när vattnet rinner över dem
Their appearance is more beautiful than can be described
Deras utseende är vackrare än vad som kan beskrivas
within each shell there lies a glittering pearl
inom varje skal ligger en glittrande pärla
and each pearl would be fit for the diadem of a queen
och varje pärla skulle passa för en drottnings diadem

The Sea King had been a widower for many years
Sjökungen hade varit änkeman i många år
and his aged mother looked after the household for him
och hans gamla mor tog hand om hushållet åt honom
She was a very sensible woman
Hon var en mycket förnuftig kvinna
but she was exceedingly proud of her royal birth
men hon var oerhört stolt över sin kungliga födelse
and on that account she wore twelve oysters on her tail
och för den skull bar hon tolv ostron på svansen
others of high rank were only allowed to wear six oysters
andra av hög rang fick bara bära sex ostron
She was, however, deserving of very great praise
Hon förtjänade dock mycket beröm
there was something she especially deserved praise for
det var något hon särskilt förtjänade beröm för

she took great care of the little sea princesses
hon tog stor hand om de små sjöprinsessorna
she had six granddaughters that she loved
hon hade sex barnbarn som hon älskade
all the sea princesses were beautiful children
alla sjöprinsessor var vackra barn
but the youngest sea princess was the prettiest of them
men den yngsta sjöprinsessan var den vackraste av dem
Her skin was as clear and delicate as a rose leaf
Hennes hud var klar och ömtålig som ett rosblad
and her eyes were as blue as the deepest sea
och hennes ögon var blåa som det djupaste havet
but, like all the others, she had no feet
men som alla andra hade hon inga fötter
and at the end of her body was a fish's tail
och i slutet av hennes kropp fanns en fisksvans

All day long they played in the great halls of the castle
Hela dagen lekte de i slottets stora salar
out of the walls of the castle grew beautiful flowers
ur slottets väggar växte vackra blommor
and she loved to play among the living flowers
och hon älskade att leka bland de levande blommorna
The large amber windows were open, and the fish swam in
De stora bärnstensfärgade fönstren stod öppna och fisken simmade in
it is just like when we leave the windows open
det är precis som när vi lämnar fönstren öppna
and then the pretty swallows fly into our houses
och så flyger de vackra svalorna in i våra hus
only the fishes swam up to the princesses
bara fiskarna simmade fram till prinsessorna
they were the only ones that ate out of her hands
de var de enda som åt ur hennes händer
and they allowed themselves to be stroked by her
och de lät sig stryka av henne

Outside the castle there was a beautiful garden
Utanför slottet fanns en vacker trädgård
in the garden grew bright-red and dark-blue flowers
i trädgården växte ljusröda och mörkblå blommor
and there grew blossoms like flames of fire
och där växte blommor som eldslågor
the fruit on the plants glittered like gold
frukten på plantorna glittrade som guld
and the leaves and stems continually waved to and fro
och bladen och stjälkarna vinkade ständigt fram och tillbaka
The earth on the ground was the finest sand
Jorden på marken var den finaste sanden
but this sand does not have the colour of the sand we know
men denna sand har inte samma färg som den sand vi känner till
this sand is as blue as the flame of burning sulphur
denna sand är lika blå som lågan av brinnande svavel
Over everything lay a peculiar blue radiance
Över allt låg en säregen blå lyster
it is as if the blue sky were everywhere
det är som om den blå himlen var överallt
the blue of the sky was above and below
himlens blå var över och under
In calm weather the sun could be seen
I lugnt väder kunde solen ses
from here the sun looked like a reddish-purple flower
härifrån såg solen ut som en rödlila blomma
and the light streamed from the calyx of the flower
och ljuset strömmade från blommans blomkål

the palace garden was divided into several parts
slottsträdgården var uppdelad i flera delar
Each of the princesses had their own little plot of ground
Var och en av prinsessorna hade sin egen lilla tomt
on this plot they could plant whatever flowers they pleased
på denna tomt kunde de plantera vilka blommor de ville

one princess arranged her flower bed in the form of a whale
en prinsessa ordnade sin rabatt i form av en val
one princess arranged her flowers like a little mermaid
en prinsessa ordnade sina blommor som en liten sjöjungfru
and the youngest child made her garden round, like the sun
och det yngsta barnet gjorde sin trädgård rund, som solen
and in her garden grew beautiful red flowers
och i hennes trädgård växte vackra röda blommor
these flowers were as red as the rays of the sunset
dessa blommor var lika röda som solnedgångens strålar

She was a strange child; quiet and thoughtful
Hon var ett främmande barn; tyst och omtänksam
her sisters showed delight at the wonderful things
hennes systrar visade glädje över de underbara sakerna
the things they obtained from the wrecks of vessels
sakerna de fick från vraken av fartyg
but she cared only for her pretty red flowers
men hon brydde sig bara om sina vackra röda blommor
although there was also a beautiful marble statue
även om det också fanns en vacker marmorstaty
the statue was the representation of a handsome boy
statyn var representationen av en stilig pojke
the boy had been carved out of pure white stone
pojken var huggen i ren vit sten
and the statue had fallen to the bottom of the sea from a wreck
och statyn hade fallit till havets botten från ett vrak
for this marble statue of a boy she cared about too
för den här marmorstatyn av en pojke som hon också brydde sig om

She planted, by the statue, a rose-colored weeping willow
Hon planterade, vid statyn, en rosafärgad gråtpil
and soon the weeping willow hung its fresh branches over the statue

och snart hängde den gråtande pilen sina färska grenar över statyn
the branches almost reached down to the blue sands
grenarna nådde nästan ner till den blå sanden
The shadows of the tree had the color of violet
Trädets skuggor hade färgen violett
and the shadows waved to and fro like the branches
och skuggorna böljade fram och tillbaka som grenarna
all of this created the most interesting illusion
allt detta skapade den mest intressanta illusionen
it was as if the crown of the tree and the roots were playing
det var som om trädets krona och rötterna lekte
it looked as if they were trying to kiss each other
det såg ut som om de försökte kyssa varandra

her greatest pleasure was hearing about the world above
hennes största nöje var att höra om världen ovan
the world above the deep sea she lived in
världen över det djupa havet hon levde i
She made her old grandmother tell her all about the upper world
Hon fick sin gamla mormor att berätta för henne allt om övervärlden
the ships and the towns, the people and the animals
skeppen och städerna, människorna och djuren
up there the flowers of the land had fragrance
där uppe hade landets blommor doft
the flowers below the sea had no fragrance
blommorna under havet hade ingen doft
up there the trees of the forest were green
där uppe var skogens träd gröna
and the fishes in the trees could sing beautifully
och fiskarna i träden kunde sjunga vackert
up there it was a pleasure to listen to the fish
där uppe var det ett nöje att lyssna på fisken
her grandmother called the birds fishes

hennes mormor kallade fåglarna för fiskar
else the little mermaid would not have understood
annars skulle den lilla sjöjungfrun inte ha förstått
because the little mermaid had never seen birds
för den lilla sjöjungfrun hade aldrig sett fåglar

her grandmother told her about the rites of mermaids
hennes mormor berättade för henne om sjöjungfrernas riter
"one day you will reach your fifteenth year"
"en dag kommer du att nå ditt femtonde år"
"then you will have permission to go to the surface"
"då har du tillåtelse att gå upp till ytan"
"you will be able to sit on the rocks in the moonlight"
"du kommer att kunna sitta på klipporna i månskenet"
"and you will see the great ships go sailing by"
"och du kommer att se de stora skeppen segla förbi"
"Then you will see forests and towns and the people"
"Då kommer du att se skogar och städer och människorna"

the following year one of the sisters was going to be fifteen
året därpå skulle en av systrarna fylla femton
but each sister was a year younger than the other
men varje syster var ett år yngre än den andra
the youngest sister was going to have to wait five years
before her turn
den yngsta systern fick vänta fem år innan hennes tur
only then could she rise up from the bottom of the ocean
först då kunde hon resa sig upp från havets botten
and only then could she see the earth as we do
och först då kunde hon se jorden som vi
However, each of the sisters made each other a promise
Men var och en av systrarna gav varandra ett löfte
they were going to tell the others what they had seen
de skulle berätta för de andra vad de hade sett
Their grandmother could not tell them enough
Deras mormor kunde inte berätta tillräckligt för dem

there were so many things they wanted to know about
det var så många saker de ville veta om

the youngest sister longed for her turn the most
den yngsta systern längtade mest efter sin tur
but, she had to wait longer than all the others
men hon fick vänta längre än alla andra
and she was so quiet and thoughtful about the world
och hon var så tyst och omtänksam om världen
there were many nights where she stood by the open window
det var många nätter där hon stod vid det öppna fönstret
and she looked up through the dark blue water
och hon såg upp genom det mörkblå vattnet
and she watched the fish as they splashed with their fins
och hon såg på fiskarna när de plaskade med fenorna
She could see the moon and stars shining faintly
Hon kunde se månen och stjärnorna lysa svagt
but from deep below the water these things look different
men från djupt under vattnet ser dessa saker annorlunda ut
the moon and stars looked larger than they do to our eyes
månen och stjärnorna såg större ut än de gör för våra ögon
sometimes, something like a black cloud went past
ibland gick något som ett svart moln förbi
she knew that it could be a whale swimming over her head
hon visste att det kunde vara en val som simmade över hennes huvud
or it could be a ship, full of human beings
eller det kan vara ett skepp, fullt av människor
human beings who couldn't imagine what was under them
människor som inte kunde föreställa sig vad som fanns under dem
a pretty little mermaid holding out her white hands
en söt liten sjöjungfru som räcker fram sina vita händer
a pretty little mermaid reaching towards their ship
en söt liten sjöjungfru som sträcker sig mot sitt skepp

The Little Mermaid's Sisters
Den lilla sjöjungfruns systrar

The day came when the eldest mermaid had her fifteenth birthday
Dagen kom då den äldsta sjöjungfrun fyllde femton år
now she was allowed to rise to the surface of the ocean
nu fick hon stiga upp till havets yta
and that night she swum up to the surface
och den natten simmade hon upp till ytan
you can imagine all the things she saw up there
du kan föreställa dig allt hon såg där uppe
and you can imagine all the things she had to talk about
och du kan föreställa dig allt hon hade att prata om
But the finest thing, she said, was to lie on a sand bank
Men det finaste, sa hon, var att ligga på en sandbank
in the quiet moonlit sea, near the shore
i det tysta månbelysta havet, nära stranden
from there she had gazed at the lights on the land
därifrån hade hon stirrat på ljusen på marken
they were the lights of the near-by town
de var ljusen i den närliggande staden
the lights had twinkled like hundreds of stars
ljusen hade blinkat som hundratals stjärnor
she had listened to the sounds of music from the town
hon hade lyssnat på tonerna av musik från staden
she had heard noise of carriages drawn by their horses
hon hade hört ljud från vagnar som dragits av deras hästar
and she had heard the voices of human beings
och hon hade hört människors röster
and the had heard merry pealing of the bells
och de hade hört klockornas glada pip
the bells ringing in the church steeples
klockorna ringer i kyrktornen
but she could not go near all these wonderful things
men hon kunde inte komma nära alla dessa underbara ting

so she longed for these wonderful things all the more
så hon längtade desto mer efter dessa underbara ting

you can imagine how eagerly the youngest sister listened
ni kan föreställa er hur ivrigt den yngsta systern lyssnade
the descriptions of the upper world were like a dream
beskrivningarna av den övre världen var som en dröm
afterwards she stood at the open window of her room
efteråt stod hon vid det öppna fönstret i sitt rum
and she looked to the surface, through the dark-blue water
och hon såg upp till ytan, genom det mörkblå vattnet
she thought of the great city her sister had told her of
hon tänkte på den stora stad som hennes syster hade berättat för henne om
the great city with all its bustle and noise
den stora staden med allt dess liv och buller
she even fancied she could hear the sound of the bells
hon trodde till och med att hon kunde höra ljudet av klockorna
she imagined the sound of the bells carried to the depths of the sea
hon föreställde sig ljudet av klockorna som bars till havets djup

after another year the second sister had her birthday
efter ytterligare ett år fyllde den andra systern år
she too received permission to swim up to the surface
även hon fick tillåtelse att simma upp till ytan
and from there she could swim about where she pleased
och därifrån kunde hon simma var hon ville
She had gone to the surface just as the sun was setting
Hon hade gått upp till ytan precis när solen gick ner
this, she said, was the most beautiful sight of all
detta, sa hon, var den vackraste synen av alla
The whole sky looked like a disk of pure gold
Hela himlen såg ut som en skiva av rent guld

and there were violet and rose-colored clouds
och det fanns violetta och rosafärgade moln
they were too beautiful to describe, she said
de var för vackra för att beskriva, sa hon
and she said how the clouds drifted across the sky
och hon sa hur molnen drev över himlen
and something had flown by more swiftly than the clouds
och något hade flugit förbi snabbare än molnen
a large flock of wild swans flew toward the setting sun
en stor flock vilda svanar flög mot den nedgående solen
the swans had been like a long white veil across the sea
svanarna hade varit som en lång vit slöja över havet
She had also tried to swim towards the sun
Hon hade också försökt simma mot solen
but some distance away the sun sank into the waves
men en bit bort sjönk solen i vågorna
she saw how the rosy tints faded from the clouds
hon såg hur de rosa färgerna bleknade från molnen
and she saw how the colour had also faded from the sea
och hon såg hur färgen också hade bleknat från havet

the next year it was the third sister's turn
nästa år var det tredje systerns tur
this sister was the most daring of all the sisters
denna syster var den mest vågade av alla systrarna
she swam up a broad river that emptied into the sea
hon simmade uppför en bred flod som mynnar ut i havet
On the banks of the river she saw green hills
På stranden av floden såg hon gröna kullar
the green hills were covered with beautiful vines
de gröna kullarna var täckta av vackra vinrankor
and on the hills there were forests of trees
och på kullarna fanns det trädskogar
and out of the forests palaces and castles poked out
och ur skogarna stack palats och slott fram
She had heard birds singing in the trees

Hon hade hört fåglarna sjunga i träden
and she had felt the rays of the sun on her skin
och hon hade känt solens strålar på sin hud
the rays were so strong that she had to dive back
strålarna var så starka att hon var tvungen att dyka tillbaka
and she cooled her burning face in the cool water
och hon kylde sitt brinnande ansikte i det kalla vattnet
In a narrow creek she found a group of little children
I en smal bäck hittade hon en grupp små barn
they were the first human children she had ever seen
de var de första människobarn hon någonsin sett
She wanted to play with the children too
Hon ville också leka med barnen
but the children fled from her in a great fright
men barnen flydde från henne i stor förskräckelse
and then a little black animal came to the water
och så kom ett litet svart djur till vattnet
it was a dog, but she did not know it was a dog
det var en hund, men hon visste inte att det var en hund
because she had never seen a dog before
för hon hade aldrig sett en hund förut
and the dog barked at the mermaid furiously
och hunden skällde ursinnigt mot sjöjungfrun
she became frightened and rushed back to the open sea
hon blev rädd och rusade tillbaka till det öppna havet
But she said she should never forget the beautiful forest
Men hon sa att hon aldrig skulle glömma den vackra skogen
the green hills and the pretty children
de gröna kullarna och de vackra barnen
she found it exceptionally funny how they swam
hon tyckte att det var ovanligt roligt hur de simmade
because the little human children didn't have tails
eftersom de små människobarnen inte hade svans
so with their little legs they kicked the water
så med sina små ben sparkade de i vattnet

The fourth sister was more timid than the last
Den fjärde systern var mer blyg än den förra
She had decided to stay in the midst of the sea
Hon hade bestämt sig för att stanna mitt ute i havet
but she said it was as beautiful there as nearer the land
men hon sa att det var lika vackert där som närmare landet
from the surface she could see many miles around her
från ytan kunde hon se många mil runt sig
the sky above her looked like a bell of glass
himlen ovanför henne såg ut som en glasklocka
and she had seen the ships sail by
och hon hade sett skeppen segla förbi
but the ships were at a very great distance from her
men skeppen låg på mycket långt avstånd från henne
and, with their sails, the ships looked like sea gulls
och med sina segel såg skeppen ut som måsar
she saw how the dolphins played in the waves
hon såg hur delfinerna lekte i vågorna
and great whales spouted water from their nostrils
och stora valar sprutade vatten ur deras näsborrar
like a hundred fountains all playing together
som hundra fontäner som alla leker tillsammans

The fifth sister's birthday occurred in the winter
Den femte systerns födelsedag inträffade på vintern
so she saw things that the others had not seen
så hon såg saker som de andra inte hade sett
at this time of the year the sea looked green
vid den här tiden på året såg havet grönt ut
large icebergs were floating on the green water
stora isberg flöt på det gröna vattnet
and each iceberg looked like a pearl, she said
och varje isberg såg ut som en pärla, sa hon
but they were larger and loftier than the churches
men de var större och högre än kyrkorna
and they were of the most interesting shapes

och de var av de mest intressanta former
and each iceberg glittered like diamonds
och varje isberg glittrade som diamanter
She had seated herself on one of the icebergs
Hon hade satt sig på ett av isbergen
and she let the wind play with her long hair
och hon lät vinden leka med hennes långa hår
She noticed something interesting about the ships
Hon märkte något intressant med fartygen
all the ships sailed past the icebergs very rapidly
alla fartyg seglade mycket snabbt förbi isbergen
and they steered away as far as they could
och de styrde bort så långt de kunde
it was as if they were afraid of the iceberg
det var som om de var rädda för isberget
she stayed out at sea into the evening
hon stannade ute på havet in på kvällen
the sun went down and dark clouds covered the sky
solen gick ner och mörka moln täckte himlen
the thunder rolled across the ocean of icebergs
åskan rullade över havet av isberg
and the flashes of lightning glowed red on the icebergs
och blixtarna lyste rött på isbergen
and the icebergs were tossed about by the heaving sea
och isbergen kastades omkring av det svävande havet
the sails of all the ships were trembling with fear
alla fartygens seglen darrade av skräck
and the mermaid sat calmly on the floating iceberg
och sjöjungfrun satt lugnt på det flytande isberget
and she watched the lightning strike into the sea
och hon såg blixten slå ner i havet

All of her five older sisters had grown up now
Alla hennes fem äldre systrar hade blivit vuxna nu
therefore they could go to the surface when they pleased
därför kunde de gå upp till ytan när de ville

at first they were delighted with the surface world
till en början var de förtjusta i ytvärlden
they couldn't get enough of the new and beautiful sights
de kunde inte få nog av de nya och vackra sevärdheterna
but eventually they all grew indifferent towards the upper world
men så småningom blev de alla likgiltiga gentemot den övre världen
and after a month they didn't visit the surface world much at all anymore
och efter en månad besökte de inte ytvärlden mycket alls längre
they told their sister it was much more beautiful at home
de sa till sin syster att det var mycket vackrare hemma

Yet often, in the evening hours, they did go up
Men ofta, på kvällstimmarna, gick de upp
the five sisters twined their arms round each other
de fem systrarna snodde sina armar om varandra
and together, arm in arm, they rose to the surface
och tillsammans, arm i arm, steg de upp till ytan
often they went up when there was a storm approaching
ofta gick de upp när det var storm på väg
they feared that the storm might win a ship
de fruktade att stormen kunde vinna ett skepp
so they swam to the vessel and sung to the sailors
så de simmade till farkosten och sjöng för sjömännen
Their voices were more charming than that of any human
Deras röster var charmigare än någon människas
and they begged the voyagers not to fear if they sank
och de bad resande att inte frukta om de sjönk
because the depths of the sea was full of delights
ty havets djup var fullt av njutningar
But the sailors could not understand their songs
Men sjömännen kunde inte förstå deras sånger
and they thought their singing was the sighing of the storm

och de trodde att deras sång var stormens suckande
therefore their songs were never beautiful to the sailors
därför var deras sånger aldrig vackra för sjömännen
because if the ship sank the men would drown
för om skeppet sjönk skulle männen drunkna
the dead gained nothing from the palace of the Sea King
de döda fick ingenting av Sjökungens palats
but their youngest sister was left at the bottom of the sea
men deras yngsta syster blev kvar på havets botten
looking up at them, she was ready to cry
när hon tittade upp på dem var hon redo att gråta
you should know mermaids have no tears that they can cry
du borde veta att sjöjungfrur inte har några tårar att de kan gråta
so her pain and suffering was more acute than ours
så hennes smärta och lidande var mer akut än vårt
"Oh, I wish I was also fifteen years old!" said she
"Åh, jag önskar att jag också var femton år!" sa hon
"I know that I shall love the world up there"
"Jag vet att jag kommer att älska världen där uppe"
"and I shall love all the people who live in that world"
"och jag ska älska alla människor som lever i den världen"

The Little Mermaid's Birthday
Den lilla sjöjungfruns födelsedag

but, at last, she too reached her fifteenth birthday
men äntligen nådde hon också sin femtonde födelsedag
"Well, now you are grown up," said her grandmother
"Jaha, nu är du vuxen", sa hennes mormor
"Come, and let me adorn you like your sisters"
"Kom och låt mig smycka dig som dina systrar"
And she placed a wreath of white lilies in her hair
Och hon satte en krans av vita liljor i håret
every petal of the lilies was half a pearl
varje kronblad av liljorna var en halv pärla
Then, the old lady ordered eight great oysters to come
Sedan beordrade den gamla damen åtta stora ostron att komma
the oysters attached themselves to the tail of the princess
ostronen fäste sig vid prinsessans svans
under the sea oysters are used to show your rank
under havet ostron används för att visa din rang
"But the oysters hurt me so," said the little mermaid
"Men ostronen gjorde mig så ont", sa den lilla sjöjungfrun
"Yes, I know oysters hurt," replied the old lady
"Ja, jag vet att ostron gör ont", svarade den gamla damen
"but you know very well that pride must suffer pain"
"men du vet mycket väl att stolthet måste lida smärta"
how gladly she would have shaken off all this grandeur
hur gärna hon skulle ha skakat av sig all denna storhet
she would have loved to lay aside the heavy wreath!
hon hade älskat att lägga undan den tunga kransen!
she thought of the red flowers in her own garden
hon tänkte på de röda blommorna i sin egen trädgård
the red flowers would have suited her much better
de röda blommorna hade passat henne mycket bättre
But she could not change herself into something else
Men hon kunde inte förändra sig själv till något annat

so she said farewell to her grandmother and sisters
så hon tog farväl av sin mormor och sina systrar
and, as lightly as a bubble, she rose to the surface
och lätt som en bubbla steg hon upp till ytan

The sun had just set when she raised her head above the waves
Solen hade precis gått ner när hon höjde huvudet över vågorna
The clouds were tinted with crimson and gold from the sunset
Molnen var färgade med röd och guld från solnedgången
and through the glimmering twilight beamed the evening star
och genom den glittrande skymningen strålade aftonstjärnan
The sea was calm, and the sea air was mild and fresh
Havet var lugnt och havsluften var mild och frisk
A large ship with three masts lay lay calmly on the water
Ett stort fartyg med tre master låg lugnt på vattnet
only one sail was set, for not a breeze stirred
bara ett segel sattes, ty inte en vind rörde sig
and the sailors sat idle on deck, or amidst the rigging
och sjömännen satt sysslolösa på däck eller mitt i riggen
There was music and songs on board of the ship
Det var musik och sånger ombord på fartyget
as darkness came a hundred colored lanterns were lighted
när mörkret kom tändes hundra färgade lyktor
it was as if the flags of all nations waved in the air
det var som om alla nationers flaggor vajade i luften

The little mermaid swam close to the cabin windows
Den lilla sjöjungfrun simmade nära hyttens fönster
now and then the waves of the sea lifted her up
då och då lyfte havets vågor upp henne
she could look in through the glass window-panes
hon kunde titta in genom glasrutorna

and she could see a number of curiously dressed people
och hon kunde se ett antal nyfiket klädda människor
Among the people she could see there was a young prince
Bland människorna hon kunde se fanns en ung prins
the prince was the most beautiful of them all
prinsen var den vackraste av dem alla
she had never seen anyone with such beautiful eyes
hon hade aldrig sett någon med så vackra ögon
it was the celebration of his sixteenth birthday
det var firandet av hans sextonde födelsedag
The sailors were dancing on the deck of the ship
Sjömännen dansade på fartygets däck
all cheered when the prince came out of the cabin
alla jublade när prinsen kom ut ur stugan
and more than a hundred rockets rose into the air
och mer än hundra raketer steg upp i luften
for some time the fireworks made the sky as bright as day
under en tid gjorde fyrverkerierna himlen ljus som dagen
of course our young mermaid had never seen fireworks before
naturligtvis hade vår unga sjöjungfru aldrig sett fyrverkerier förut
startled by all the noise, she went back under the water
förskräckt av allt oväsen gick hon tillbaka under vattnet
but soon she again stretched out her head
men snart sträckte hon ut huvudet igen
it was as if all the stars of heaven were falling around her
det var som om alla himlens stjärnor föll runt henne
splendid fireflies flew up into the blue air
praktfulla eldflugor flög upp i den blå luften
and everything was reflected in the clear, calm sea
och allt speglades i det klara, lugna havet
The ship itself was brightly illuminated by all the light
Själva skeppet var starkt upplyst av allt ljus
she could see all the people and even the smallest rope
hon kunde se alla människor och till och med det minsta repet

How handsome the young prince looked thanking his guests!
Så vacker den unge prinsen såg ut när han tackade sina gäster!
and the music resounded through the clear night air!
och musiken ljöd genom den klara nattluften!

the birthday celebrations lasted late into the night
födelsedagsfirandet varade långt in på natten
but the little mermaid could not take her eyes from the ship
men den lilla sjöjungfrun kunde inte ta ögonen från skeppet
nor could she take her eyes from the beautiful prince
inte heller kunde hon ta blicken från den vackra prinsen
The colored lanterns had now been extinguished
De färgade lyktorna var nu släckta
and there were no more rockets that rose into the air
och det fanns inga fler raketer som steg upp i luften
the cannon of the ship had also ceased firing
fartygets kanon hade också upphört att skjuta
but now it was the sea that became restless
men nu var det havet som blev oroligt
a moaning, grumbling sound could be heard beneath the waves
ett stönande, knorrande ljud hördes under vågorna
and yet, the little mermaid remained by the cabin window
och ändå stod den lilla sjöjungfrun kvar vid hyttens fönster
she was rocking up and down on the water
hon gungade upp och ner på vattnet
so that she could keep looking into the ship
så att hon kunde fortsätta titta in i skeppet
After a while the sails were quickly set
Efter ett tag sattes seglen snabbt
and the ship went on her way back to port
och skeppet gick på väg tillbaka till hamnen

But soon the waves rose higher and higher
Men snart steg vågorna högre och högre

dark, heavy clouds darkened the night sky
mörka, tunga moln förmörkade natthimlen
and there appeared flashes of lightning in the distance
och det dök upp blixtar i fjärran
not far away a dreadful storm was approaching
inte långt borta närmade sig en fruktansvärd storm
Once more the sails were lowered against the wind
Återigen sänktes seglen mot vinden
and the great ship pursued her course over the raging sea
och det stora skeppet fortsatte sin kurs över det rasande havet
The waves rose as high as the mountains
Vågorna steg lika högt som bergen
one would have thought the waves were going to have the ship
man skulle ha trott att vågorna skulle ha skeppet
but the ship dived like a swan between the waves
men skeppet dök som en svan mellan vågorna
then she rose again on their lofty, foaming crests
sedan reste hon sig igen på deras höga, skummande krön
To the little mermaid this was pleasant to watch
För den lilla sjöjungfrun var detta trevligt att se
but it was not pleasant for the sailors
men det var inte trevligt för sjömännen
the ship made awful groaning and creaking sounds
skeppet gjorde fruktansvärda stönande och knarrande ljud
and the waves broke over the deck of the ship again and again
och vågorna bröt över skeppets däck gång på gång
the thick planks gave way under the lashing of the sea
de tjocka plankorna gav vika under havets surrning
under the pressure the mainmast snapped asunder, like a reed
under trycket gick stormasten sönder, som en vass
and, as the ship lay over on her side, the water rushed in
och när skeppet låg över på hennes sida, forsade vattnet in

The little mermaid realized that the crew were in danger
Den lilla sjöjungfrun insåg att besättningen var i fara
her own situation wasn't without danger either
hennes egen situation var inte heller utan fara
she had to avoid the beams and planks scattered in the water
hon var tvungen att undvika bjälkar och plankor utspridda i vattnet
for a moment everything turned into complete darkness
för ett ögonblick förvandlades allt till totalt mörker
and the little mermaid could not see where she was
och den lilla sjöjungfrun kunde inte se var hon var
but then a flash of lightning revealed the whole scene
men sedan avslöjade en blixt hela scenen
she could see everyone was still on board of the ship
hon kunde se att alla fortfarande var ombord på fartyget
well, everyone was on board of the ship, except the prince
ja, alla var ombord på fartyget, utom prinsen
the ship continued on its path to the land
fartyget fortsatte på sin väg mot land
and she saw the prince sink into the deep waves
och hon såg prinsen sjunka ner i de djupa vågorna
for a moment this made her happier than it should have
för ett ögonblick gjorde detta henne lyckligare än det borde ha gjort
now that he was in the sea she could be with him
nu när han var i havet kunde hon vara med honom
Then she remembered the limits of human beings
Sedan kom hon ihåg människans gränser
the people of the land cannot live in the water
folket i landet kan inte leva i vattnet
if he got to the palace he would already be dead
om han kom till palatset skulle han redan vara död
"No, he must not die!" she decided
"Nej, han får inte dö!" bestämde hon sig
she forget any concern for her own safety
hon glömmer all oro för sin egen säkerhet

and she swam through the beams and planks
och hon simmade genom bjälkar och plankor
two beams could easily crush her to pieces
två strålar kunde lätt krossa henne i stycken
she dove deep under the dark waters
hon dök djupt under det mörka vattnet
everything rose and fell with the waves
allt steg och föll med vågorna
finally, she managed to reach the young prince
äntligen lyckades hon nå den unge prinsen
he was fast losing the power to swim in the stormy sea
han tappade snabbt kraften att simma i det stormiga havet
His limbs were starting to fail him
Hans lemmar började svika honom
and his beautiful eyes were closed
och hans vackra ögon var slutna
he would have died had the little mermaid not come
han skulle ha dött om den lilla sjöjungfrun inte hade kommit
She held his head above the water
Hon höll hans huvud ovanför vattnet
and she let the waves carry them where they wanted
och hon lät vågorna bära dem dit de ville

In the morning the storm had ceased
På morgonen hade stormen lagt sig
but of the ship not a single fragment could be seen
men av skeppet kunde inte ett enda fragment ses
The sun came up, red and shining, out of the water
Solen kom upp, röd och skinande, upp ur vattnet
the sun's beams had a healing effect on the prince
solens strålar hade en helande effekt på prinsen
the hue of health returned to the prince's cheeks
hälsans nyans återvände till prinsens kinder
but despite the sun, his eyes remained closed
men trots solen förblev hans ögon stängda
The mermaid kissed his high, smooth forehead

Sjöjungfrun kysste hans höga, släta panna
and she stroked back his wet hair
och hon strök tillbaka hans våta hår
He seemed to her like the marble statue in her garden
Han verkade för henne som marmorstatyn i hennes trädgård
so she kissed him again, and wished that he lived
så hon kysste honom igen och önskade att han levde

Presently, they came in sight of land
Strax kom de i sikte av land
and she saw lofty blue mountains on the horizon
och hon såg höga blå berg vid horisonten
on top of the mountains the white snow rested
på toppen av bergen vilade den vita snön
as if a flock of swans were lying upon the mountains
som om en flock svanar låg på bergen
Beautiful green forests were near the shore
Vackra gröna skogar låg nära stranden
and close by there stood a large building
och nära där stod en stor byggnad
it could have been a church or a convent
det kunde ha varit en kyrka eller ett kloster
but she was still too far away to be sure
men hon var fortfarande för långt borta för att vara säker
Orange and citron trees grew in the garden
Apelsin- och citronträd växte i trädgården
and before the door stood lofty palms
och framför dörren stod höga palmer
The sea here formed a little bay
Havet här bildade en liten vik
in the bay the water lay quiet and still
i viken låg vattnet tyst och stilla
but although the water was still, it was very deep
men fastän vattnet var stilla, var det mycket djupt
She swam with the handsome prince to the beach
Hon simmade med den stilige prinsen till stranden

the beach was covered with fine white sand
stranden var täckt av fin vit sand
and on the sand she laid him in the warm sunshine
och på sanden lade hon honom i det varma solskenet
she took care to raise his head higher than his body
hon passade på att höja hans huvud högre än hans kropp
Then bells sounded from the large white building
Sedan ljöd klockor från den stora vita byggnaden
some young girls came into the garden
några unga flickor kom in i trädgården
The little mermaid swam out farther from the shore
Den lilla sjöjungfrun simmade ut längre från stranden
she hid herself among some high rocks in the water
hon gömde sig bland några höga stenar i vattnet
she covered her head and neck with the foam of the sea
hon täckte sitt huvud och sin hals med havets skum
and she watched to see what would become of the poor prince
och hon tittade för att se vad det skulle bli av den stackars prinsen

It was not long before she saw a young girl approach
Det dröjde inte länge innan hon såg en ung flicka närma sig
the young girl seemed frightened, at first
den unga flickan verkade till en början rädd
but her fear only lasted for a moment
men hennes rädsla varade bara ett ögonblick
then she brought over a number of people
sedan förde hon över ett antal människor
and the mermaid saw that the prince came to life again
och sjöjungfrun såg att prinsen kom till liv igen
he smiled upon those who stood around him
han log mot dem som stod omkring honom
But to the little mermaid the prince sent no smile
Men till den lilla sjöjungfrun sände prinsen inget leende
he knew not that it was her who had saved him

han visste inte att det var hon som hade räddat honom
This made the little mermaid very sorrowful
Detta gjorde den lilla sjöjungfrun väldigt ledsen
and then he was led away into the great building
och sedan fördes han bort in i den stora byggnaden
and the little mermaid dived down into the water
och den lilla sjöjungfrun dök ner i vattnet
and she returned to her father's castle
och hon återvände till sin fars slott

The Little Mermaid Longs for the Upper World
Den lilla sjöjungfrun längtar efter den övre världen

She had always been the most silent and thoughtful of the sisters
Hon hade alltid varit den mest tysta och omtänksamma av systrarna
and now she was more silent and thoughtful than ever
och nu var hon mer tyst och eftertänksam än någonsin
Her sisters asked her what she had seen on her first visit
Hennes systrar frågade henne vad hon hade sett vid sitt första besök
but she could tell them nothing of what she had seen
men hon kunde ingenting berätta om vad hon hade sett
Many an evening and morning she returned to the surface
Många en kväll och morgon återvände hon till ytan
and she went to the place where she had left the prince
och hon gick till den plats där hon hade lämnat fursten
She saw the fruits in the garden ripen
Hon såg frukterna i trädgården mogna
and she watched the fruits gathered from their trees
och hon såg frukterna samlas från deras träd
she watched the snow on the mountain tops melt away
hon såg snön på bergstopparna smälta bort
but on none of her visits did she see the prince again
men vid inget av sina besök såg hon prinsen igen
and therefore she always returned more sorrowful than when she left
och därför kom hon alltid tillbaka mer sorgsen än när hon gick

her only comfort was sitting in her own little garden
hennes enda tröst var att sitta i hennes egen lilla trädgård
she flung her arms around the beautiful marble statue
hon slog armarna runt den vackra marmorstatyn
the statue which looked just like the prince
statyn som såg ut precis som prinsen

She had given up tending to her flowers
Hon hade gett upp skötseln av sina blommor
and her garden grew in wild confusion
och hennes trädgård växte i vild förvirring
they twinied the long leaves and stems of the flowers around the trees
de snodde de långa löven och stjälkarna på blommorna runt träden
so that the whole garden became dark and gloomy
så att hela trädgården blev mörk och dyster

eventually she could bear the pain no longer
så småningom kunde hon inte stå ut med smärtan längre
and she told one of her sisters all that had happened
och hon berättade för en av sina systrar allt som hade hänt
soon the other sisters heard the secret
snart fick de andra systrarna höra hemligheten
and very soon her secret became known to several maids
och mycket snart blev hennes hemlighet känd för flera pigor
one of the maids had a friend who knew about the prince
en av pigorna hade en vän som kände till prinsen
She had also seen the festival on board the ship
Hon hade också sett festivalen ombord på fartyget
and she told them where the prince came from
och hon berättade för dem varifrån prinsen kom
and she told them where his palace stood
och hon berättade för dem var hans palats stod

"Come, little sister," said the other princesses
"Kom lillasyster", sa de andra prinsessorna
they entwined their arms and rose up together
de flätade sina armar och reste sig tillsammans
they went near to where the prince's palace stood
de gick nära till där prinsens palats stod
the palace was built of bright-yellow, shining stone
palatset byggdes av ljusgul, glänsande sten

and the palace had long flights of marble steps
och palatset hade långa steg av marmortrappor
one of the flights of steps reached down to the sea
en av trappan nådde ner till havet
Splendid gilded cupolas rose over the roof
Praktiga förgyllda kupoler reste sig över taket
the whole building was surrounded by pillars
hela byggnaden var omgiven av pelare
and between the pillars stood lifelike statues of marble
och mellan pelarna stod verklighetstrogna statyer av marmor
they could see through the clear crystal of the windows
de kunde se genom den klara kristallen i fönstren
and they could look into the noble rooms
och de kunde se in i adelsrummen
costly silk curtains and tapestries hung from the ceiling
kostsamma sidengardiner och gobelänger hängde i taket
and the walls were covered with beautiful paintings
och väggarna var täckta med vackra målningar
In the centre of the largest salon was a fountain
I mitten av den största salongen fanns en fontän
the fountain threw its sparkling jets high up
fontänen kastade sina gnistrande strålar högt upp
the water splashed onto the glass cupola of the ceiling
vattnet stänkte på glaskupan i taket
and the sun shone in through the water
och solen sken in genom vattnet
and the water splashed on the plants around the fountain
och vattnet stänkte på växterna runt fontänen

Now the little mermaid knew where the prince lived
Nu visste den lilla sjöjungfrun var prinsen bodde
so she spent many a night in those waters
så hon tillbringade många nätter i dessa vatten
she got more courageous than her sisters had been
hon blev modigare än hennes systrar hade varit
and she swam much nearer the shore than they had

och hon simmade mycket närmare stranden än de hade
once she went up the narrow channel, under the marble balcony
en gång gick hon uppför den smala kanalen, under marmorbalkongen
the balcony threw a broad shadow on the water
balkongen kastade en bred skugga över vattnet
Here she sat and watched the young prince
Här satt hon och tittade på den unge prinsen
he, of course, thought he was alone in the bright moonlight
han trodde förstås att han var ensam i det starka månskenet

She often saw him in the evenings, sailing in a beautiful boat
Hon såg honom ofta på kvällarna, segla i en vacker båt
music sounded from the boat and the flags waved
musik ljöd från båten och flaggorna vajade
She peeped out from among the green rushes
Hon kikade fram bland de gröna busken
at times the wind caught her long silvery-white veil
stundtals fångade vinden hennes långa silvervita slöja
those who saw her veil believed it to be a swan
de som såg hennes slöja trodde att det var en svan
her veil had all the appearance of a swan spreading its wings
hennes slöja såg ut som en svan som breder ut sina vingar

Many a night, too, she watched the fishermen set their nets
Också många kvällar såg hon fiskarna lägga ut sina nät
they cast their nets in the light of their torches
de kastade sina nät i ljuset av sina facklor
and she heard them tell many good things about the prince
och hon hörde dem berätta mycket gott om prinsen
this made her glad that she had saved his life
detta gjorde henne glad att hon hade räddat hans liv
when he was tossed around half dead on the waves
när han kastades runt halvdöd på vågorna

She remembered how his head had rested on her bosom
Hon kom ihåg hur hans huvud hade vilat på hennes barm
and she remembered how heartily she had kissed him
och hon mindes hur innerligt hon hade kysst honom
but he knew nothing of all that had happened
men han visste ingenting om allt som hade hänt
the young prince could not even dream of the little mermaid
den unge prinsen kunde inte ens drömma om den lilla sjöjungfrun

She grew to like human beings more and more
Hon växte till att gilla människor mer och mer
she wished more and more to be able to wander their world
hon önskade mer och mer att kunna vandra i deras värld
their world seemed to be so much larger than her own
deras värld verkade vara så mycket större än hennes egen
They could fly over the sea in ships
De kunde flyga över havet i fartyg
and they could mount the high hills far above the clouds
och de kunde bestiga de höga kullarna långt ovanför molnen
in their lands they possessed woods and fields
i sina länder ägde de skog och åkrar
the greenery stretched beyond the reach of her sight
grönskan sträckte sig bortom räckhåll för hennes syn
There was so much that she wished to know!
Det var så mycket hon ville veta!
but her sisters were unable to answer all her questions
men hennes systrar kunde inte svara på alla hennes frågor
She then went to her old grandmother for answers
Hon gick sedan till sin gamla mormor för att få svar
her grandmother knew all about the upper world
hennes mormor visste allt om den övre världen
she rightly called this world "the lands above the sea"
hon kallade med rätta denna värld "länderna ovanför havet"

"If human beings are not drowned, can they live forever?"

"Om människor inte drunknar, kan de leva för evigt?"
"Do they never die, as we do here in the sea?"
"Dör de aldrig, som vi gör här i havet?"
"Yes, they die too," replied the old lady
"Ja, de dör också", svarade den gamla damen
"like us, they must also die," added her grandmother
"som vi måste de också dö", tillade hennes mormor
"and their lives are even shorter than ours"
"och deras liv är ännu kortare än våra"
"We sometimes live for three hundred years"
"Vi lever ibland i trehundra år"
"but when we cease to exist here we become foam"
"men när vi upphör att existera här blir vi skum"
"and we float on the surface of the water"
"och vi flyter på vattenytan"
"we do not have graves for those we love"
"vi har inga gravar för dem vi älskar"
"and we have not immortal souls"
"och vi har inga odödliga själar"
"after we die we shall never live again"
"efter att vi dött kommer vi aldrig att leva igen"
"like the green seaweed, once it has been cut off"
"som den gröna tången, när den väl är avskuren"
"after we die, we can never flourish again"
"efter att vi dött kan vi aldrig blomstra igen"
"Human beings, on the contrary, have souls"
"Människor har tvärtom själar"
"even after they're dead their souls live forever"
"även efter att de är döda lever deras själar för evigt"
"when we die our bodies turn to foam"
"när vi dör blir våra kroppar till skum"
"when they die their bodies turn to dust"
"när de dör blir deras kroppar till damm"
"when we die we rise through the clear, blue water"
"när vi dör stiger vi upp genom det klara, blå vattnet"
"when they die they rise up through the clear, pure air"

"när de dör stiger de upp genom den klara, rena luften"
"when we die we float no further than the surface"
"när vi dör flyter vi inte längre än till ytan"
"but when they die they go beyond the glittering stars"
"men när de dör går de bortom de glittrande stjärnorna"
"we rise out of the water to the surface"
"vi stiger upp ur vattnet till ytan"
"and we behold all the land of the earth"
"och vi ser hela jordens land"
"they rise to unknown and glorious regions"
"de reser sig till okända och härliga regioner"
"glorious and unknown regions which we shall never see"
"härliga och okända regioner som vi aldrig kommer att se"
the little mermaid mourned her lack of a soul
den lilla sjöjungfrun sörjde sin brist på själ
"Why have not we immortal souls?" asked the little mermaid
"Varför har vi inte odödliga själar?" frågade den lilla sjöjungfrun
"I would gladly give all the hundreds of years that I have"
"Jag skulle gärna ge alla de hundratals år jag har"
"I would trade it all to be a human being for one day"
"Jag skulle byta ut allt för att vara en människa för en dag"
"I can not imagine the hope of knowing such happiness"
"Jag kan inte föreställa mig hoppet om att få veta sådan lycka"
"the happiness of that glorious world above the stars"
"Lyckan i den härliga världen över stjärnorna"
"You must not think that way," said the old woman
"Du får inte tänka så", sa gumman
"We believe that we are much happier than the humans"
"Vi tror att vi är mycket lyckligare än människorna"
"and we believe we are much better off than human beings"
"och vi tror att vi har det mycket bättre än människor"

"So I shall die," said the little mermaid
"Så jag ska dö", sa den lilla sjöjungfrun
"being the foam of the sea, I shall be washed about"

"som är havets skum, ska jag tvättas om"
"never again will I hear the music of the waves"
"aldrig mer kommer jag höra vågornas musik"
"never again will I see the pretty flowers"
"aldrig mer kommer jag att se de vackra blommorna"
"nor will I ever again see the red sun"
"Jag kommer aldrig mer att se den röda solen"
"Is there anything I can do to win an immortal soul?"
"Finns det något jag kan göra för att vinna en odödlig själ?"
"No," said the old woman, "unless..."
"Nej", sa den gamla kvinnan, "om inte..."
"there is just one way to gain a soul"
"det finns bara ett sätt att få en själ"
"a man has to love you more than he loves his father and mother"
"en man måste älska dig mer än han älskar sin far och mor"
"all his thoughts and love must be fixed upon you"
"alla hans tankar och kärlek måste fästas på dig"
"he has to promise to be true to you here and hereafter"
"han måste lova att vara sann mot dig här och härefter"
"the priest has to place his right hand in yours"
"prästen måste lägga sin högra hand i din"
"then your man's soul would glide into your body"
"då skulle din mans själ glida in i din kropp"
"you would get a share in the future happiness of mankind"
"du skulle få del i mänsklighetens framtida lycka"
"He would give to you a soul and retain his own as well"
"Han skulle ge dig en själ och behålla sin egen också"
"but it is impossible for this to ever happen"
"men det är omöjligt att detta någonsin kommer att hända"
"Your fish's tail, among us, is considered beautiful"
"Din fisks svans, bland oss, anses vara vacker"
"but on earth your fish's tail is considered ugly"
"men på jorden anses din fisks svans vara ful"
"The humans do not know any better"
"Människorna vet inte bättre"

"their standard of beauty is having two stout props"
"Deras standard för skönhet är att ha två kraftiga rekvisita"
"these two stout props they call their legs"
"dessa två kraftiga rekvisita kallar de sina ben"
The little mermaid sighed at what appeared to be her destiny
Den lilla sjöjungfrun suckade över vad som verkade vara hennes öde
and she looked sorrowfully at her fish's tail
och hon såg sorgset på sin fisks svans
"Let us be happy with what we have," said the old lady
"Låt oss vara nöjda med det vi har", sa den gamla damen
"let us dart and spring about for the three hundred years"
"låt oss pila och springa omkring i trehundra åren"
"and three hundred years really is quite long enough"
"och trehundra år är verkligen ganska länge nog"
"After that we can rest ourselves all the better"
"Efter det kan vi vila oss desto bättre"
"This evening we are going to have a court ball"
"I kväll ska vi ha hovbal"

It was one of those splendid sights we can never see on earth
Det var en av dessa fantastiska sevärdheter som vi aldrig kan se på jorden
the court ball took place in a large ballroom
hovbalen ägde rum i en stor balsal
The walls and the ceiling were of thick transparent crystal
Väggarna och taket var av tjock transparent kristall
Many hundreds of colossal sea shells stood in rows on each side
Många hundra kolossala snäckskal stod i rader på varje sida
some of the sea shells were deep red, others were grass green
några av snäckskalen var djupröda, andra var gräsgröna
and each of the sea shells had a blue fire in it
och varje snäckskal hade en blå eld i sig
These fires lighted up the whole salon and the dancers

Dessa eldar lyste upp hela salongen och dansarna
and the sea shells shone out through the walls
och snäckskalen lyste ut genom väggarna
so that the sea was also illuminated by their light
så att havet också upplystes av deras ljus
Innumerable fishes, great and small, swam past
Otaliga fiskar, stora som små, simmade förbi
some of the fishes scales glowed with a purple brilliance
några av fiskens fjäll glödde med en lila briljans
and other fishes shone like silver and gold
och andra fiskar lyste som silver och guld
Through the halls flowed a broad stream
Genom salarna rann en bred bäck
and in the stream danced the mermen and the mermaids
och i strömmen dansade sjömännen och sjöjungfrorna
they danced to the music of their own sweet singing
de dansade till musiken av sin egen söta sång

No one on earth has such lovely voices as they
Ingen på jorden har så härliga röster som de
but the little mermaid sang more sweetly than all
men den lilla sjöjungfrun sjöng sötare än alla andra
The whole court applauded her with hands and tails
Hela hovet applåderade henne med händer och svansar
and for a moment her heart felt quite happy
och för ett ögonblick kändes hennes hjärta ganska glatt
because she knew she had the sweetest voice in the sea
för hon visste att hon hade den sötaste rösten i havet
and she knew she had the sweetest voice on land
och hon visste att hon hade den sötaste rösten på land
But soon she thought again of the world above her
Men snart tänkte hon igen på världen över henne
she could not forget the charming prince
hon kunde inte glömma den charmiga prinsen
it reminded her that he had an immortal soul
det påminde henne om att han hade en odödlig själ

and she could not forget that she had no immortal soul
och hon kunde inte glömma att hon inte hade någon odödlig själ
She crept away silently out of her father's palace
Hon kröp tyst iväg från sin fars palats
everything within was full of gladness and song
allt inombords var fullt av glädje och sång
but she sat in her own little garden, sorrowful and alone
men hon satt i sin egen lilla trädgård, sorgsen och ensam
Then she heard the bugle sounding through the water
Sedan hörde hon bugeln ljuda genom vattnet
and she thought, "He is certainly sailing above"
och hon tänkte, "han seglar verkligen ovanför"
"he, the beautiful prince, in whom my wishes centre"
"han, den vackra prinsen, i vilken mina önskningar är i centrum"
"he, in whose hands I should like to place my happiness"
"han, i vars händer jag skulle vilja lägga min lycka"
"I will venture all for him to win an immortal soul"
"Jag kommer att våga allt för att han ska vinna en odödlig själ"
"my sisters are dancing in my father's palace"
"mina systrar dansar i min fars palats"
"but I will go to the sea witch"
"men jag ska gå till sjöhäxan"
"the sea witch of whom I have always been so afraid"
"havshäxan som jag alltid varit så rädd för"
"but the sea witch can give me counsel, and help"
"men sjöhäxan kan ge mig råd och hjälpa"

The Sea Witch
Sjöhäxan

Then the little mermaid went out from her garden
Sedan gick den lilla sjöjungfrun ut från sin trädgård
and she took the path to the foaming whirlpools
och hon tog vägen till de skummande bubbelpoolerna
behind the foaming whirlpools the sorceress lived
bakom de skummande virvlarna levde trollkvinnan
the little mermaid had never gone that way before
den lilla sjöjungfrun hade aldrig gått den vägen förut
Neither flowers nor grass grew where she was going
Varken blommor eller gräs växte där hon skulle
there was nothing but bare, gray, sandy ground
det fanns inget annat än bar, grå sandig mark
this barren land stretched out to the whirlpool
detta karga land sträckte sig ut till bubbelpoolen
the water was like foaming mill wheels
vattnet var som skummande kvarnhjul
and the whirlpools seized everything that came within reach
och bubbelpoolerna grep allt som kom inom räckhåll
the whirlpools cast their prey into the fathomless deep
virvlarna kastar sitt byte i det djupa djupet
Through these crushing whirlpools she had to pass
Genom dessa förkrossande virvlar var hon tvungen att passera
only then could she reach the dominions of the sea witch
först då kunde hon nå havshäxans herravälde
after this came a stretch of warm, bubbling mire
efter detta kom en sträcka av varm, bubblande myr
the sea witch called the bubbling mire her turf moor
sjöhäxan kallade den bubblande myren för sin torvhed

Beyond her turf moor was the witch's house
Bortom hennes gräshed låg häxans hus
her house stood in the centre of a strange forest

hennes hus stod mitt i en främmande skog
in this forest all the trees and flowers were polypi
i denna skog var alla träd och blommor polypi
but they were only half plant; the other half was animal
men de var bara till hälften växter; den andra hälften var djur
They looked like serpents with a hundred heads
De såg ut som ormar med hundra huvuden
and each serpent was growing out of the ground
och varje orm växte upp ur jorden
Their branches were long, slimy arms
Deras grenar var långa, slemmiga armar
and they had fingers like flexible worms
och de hade fingrar som flexibla maskar
each of their limbs, from the root to the top, moved
var och en av deras lemmar, från roten till toppen, rörde sig
All that could be reached in the sea they seized upon
Allt som kunde nås i havet tog de tag i
and what they caught they held on tightly to
och det de fångade höll de hårt om
so that what they caught never escaped from their clutches
så att det de fångade aldrig flydde ur deras klor

The little mermaid was alarmed at what she saw
Den lilla sjöjungfrun blev orolig över vad hon såg
she stood still and her heart beat with fear
hon stod stilla och hennes hjärta slog av rädsla
She came very close to turning back
Hon var väldigt nära att vända tillbaka
but she thought of the beautiful prince
men hon tänkte på den vackra prinsen
and she thought of the human soul for which she longed
och hon tänkte på den mänskliga själen som hon längtade efter
with these thoughts her courage returned
med dessa tankar återvände hennes mod
She fastened her long, flowing hair round her head

Hon fäste sitt långa, flödande hår runt huvudet
so that the polypi could not grab hold of her hair
så att polypi inte kunde ta tag i hennes hår
and she crossed her hands across her bosom
och hon korsade händerna över sin barm
and then she darted forward like a fish through the water
och sedan rusade hon fram som en fisk genom vattnet
between the subtle arms and fingers of the ugly polypi
mellan de subtila armarna och fingrarna på den fula polypi
the polypi were stretched out on each side of her
polyperna sträcktes ut på var sida om henne
She saw that they all held something in their grasp
Hon såg att de alla höll något i sitt grepp
something they had seized with their numerous little arms
något de hade gripit med sina många små armar
they were holding white skeletons of human beings
de höll vita skelett av människor
sailors who had perished at sea in storms
sjömän som hade omkommit till sjöss i stormar
sailors who had sunk down into the deep waters
sjömän som hade sjunkit ner i det djupa vattnet
and there were skeletons of land animals
och det fanns skelett av landdjur
and there were oars, rudders, and chests of ships
och det fanns åror, roder och skeppkistor
There was even a little mermaid whom they had caught
Det fanns till och med en liten sjöjungfru som de hade fångat
the poor mermaid must have been strangled by the hands
den stackars sjöjungfrun måste ha blivit strypt av händerna
to her this seemed the most shocking of all
för henne verkade detta det mest chockerande av allt

finally, she came to a space of marshy ground in the woods
slutligen kom hon till ett utrymme av myrmark i skogen
here there were large fat water snakes rolling in the mire
här var det stora feta vattenormar som rullade i myren

the snakes showed their ugly, drab-colored bodies
ormarna visade sina fula, trista kroppar
In the midst of this spot stood a house
Mitt på denna plats stod ett hus
the house was built of the bones of shipwrecked human beings
huset byggdes av ben från skeppsbrutna människor
and in the house sat the sea witch
och i huset satt sjöhäxan
she was allowing a toad to eat from her mouth
hon lät en padda äta ur hennes mun
just like when people feed a canary with pieces of sugar
precis som när folk matar en kanariefågel med sockerbitar
She called the ugly water snakes her little chickens
Hon kallade de fula vattenormarna för sina små kycklingar
and she allowed her little chickens to crawl all over her
och hon lät sina små kycklingar krypa över henne

"I know what you want," said the sea witch
"Jag vet vad du vill", sa sjöhäxan
"It is very stupid of you to want such a thing"
"Det är väldigt dumt av dig att vilja något sådant"
"but you shall have your way, however stupid it is"
"men du ska få din vilja, hur dumt det än är"
"though your wish will bring you to sorrow, my pretty princess"
"fastän din önskan kommer att föra dig till sorg, min vackra prinsessa"
"You want to get rid of your mermaid's tail"
"Du vill bli av med din sjöjungfrus svans"
"and you want to have two stumps instead"
"och du vill ha två stubbar istället"
"this will make you like the human beings on earth"
"det här kommer att göra dig som människorna på jorden"
"and then the young prince might fall in love with you"
"och då kanske den unge prinsen blir kär i dig"

"and then you might have an immortal soul"
"och då kanske du har en odödlig själ"
the witch laughed loud and disgustingly
häxan skrattade högt och äckligt
the toad and the snakes fell to the ground
paddan och ormarna föll till marken
and they lay there wriggling on the floor
och de låg där och vred sig på golvet
"You came to me just in time," said the witch
"Du kom till mig precis i tid", sa häxan
"after sunrise tomorrow it would have been too late"
"efter soluppgången imorgon skulle det ha varit för sent"
"after tomorrow I would not have been able to help you till the end of another year"
"efter morgondagen skulle jag inte ha kunnat hjälpa dig förrän i slutet av ytterligare ett år"
"I will prepare a potion for you"
"Jag ska förbereda en dryck åt dig"
"swim up to the land tomorrow, before sunrise"
"simma upp till landet imorgon, före soluppgången"
"seat yourself there and drink the potion"
"Sätt dig där och drick drycken"
"after you drink the potion your tail will disappear"
"efter att du har druckit drycken kommer din svans att försvinna"
"and then you will have what men call legs"
"och då kommer du att ha vad män kallar ben"

"all will say you are the prettiest girl in the world"
"alla kommer att säga att du är den vackraste tjejen i världen"
"but for this you will have to endure great pain"
"men för detta måste du utstå stor smärta"
"it will be as if a sword were passing through you"
"det kommer att vara som om ett svärd går igenom dig"
"You will still have the same gracefulness of movement"
"Du kommer fortfarande att ha samma graciösa rörelse"

"it will be as if you are floating over the ground"
"det kommer att vara som om du svävar över marken"
"and no dancer will ever tread as lightly as you"
"och ingen dansare kommer någonsin att trampa så lätt som du"
"but every step you take will cause you great pain"
"men varje steg du tar kommer att orsaka dig stor smärta"
"it will be as if you were treading upon sharp knives"
"det kommer att vara som om du trampade på vassa knivar"
"If you bear all this suffering, I will help you"
"Om du bär allt detta lidande, så hjälper jag dig"
the little mermaid thought of the prince
den lilla sjöjungfrun tänkte på prinsen
and she thought of the happiness of an immortal soul
och hon tänkte på en odödlig själs lycka
"Yes, I will," said the little princess
"Ja, det ska jag", sa den lilla prinsessan
but, as you can imagine, her voice trembled with fear
men som ni kan föreställa er hennes röst darrade av rädsla

"do not rush into this," said the witch
"bråttom inte in i detta", sa häxan
"once you are shaped like a human, you can never return"
"när du väl är formad som en människa kan du aldrig återvända"
"and you will never again take the form of a mermaid"
"och du kommer aldrig mer att ta formen av en sjöjungfru"
"You will never return through the water to your sisters"
"Du kommer aldrig tillbaka genom vattnet till dina systrar"
"nor will you ever go to your father's palace again"
"Du kommer aldrig att gå till din fars palats igen"
"you will have to win the love of the prince"
"du måste vinna prinsens kärlek"
"he must be willing to forget his father and mother for you"
"han måste vara villig att glömma sin far och mamma åt dig"
"and he must love you with all of his soul"

"och han måste älska dig av hela sin själ"
"the priest must join your hands together"
"prästen måste förena era händer"
"and he must make you man and wife in holy matrimony"
"och han måste göra er till man och hustru i heligt äktenskap"
"only then will you have an immortal soul"
"först då kommer du att ha en odödlig själ"
"but you must never allow him to marry another woman"
"men du får aldrig tillåta honom att gifta sig med en annan kvinna"
"the morning after he marries another woman, your heart will break"
"morgonen efter att han gifter sig med en annan kvinna kommer ditt hjärta att brista"
"and you will become foam on the crest of the waves"
"och du kommer att bli skum på vågkrönet"
the little mermaid became as pale as death
den lilla sjöjungfrun blev blek som döden
"I will do it," said the little mermaid
"Jag ska göra det", sa den lilla sjöjungfrun

"But I must be paid, also," said the witch
"Men jag måste få betalt också", sa häxan
"and it is not a trifle that I ask for"
"och det är inte en bagatell jag ber om"
"You have the sweetest voice of any who dwell here"
"Du har den sötaste rösten av alla som bor här"
"you believe that you can charm the prince with your voice"
"du tror att du kan charma prinsen med din röst"
"But your beautiful voice you must give to me"
"Men din vackra röst måste du ge till mig"
"The best thing you possess is the price of my potion"
"Det bästa du äger är priset på min dryck"
"the potion must be mixed with my own blood"
"drycken måste blandas med mitt eget blod"

"only this mixture makes the potion as sharp as a two-edged sword"
"bara denna blandning gör drycken så skarp som ett tvåeggat svärd"

the little mermaid tried to object to the cost
den lilla sjöjungfrun försökte invända mot kostnaden
"But if you take away my voice..." said the little mermaid
"Men om du tar bort min röst..." sa den lilla sjöjungfrun
"if you take away my voice, what is left for me?"
"om du tar bort min röst, vad finns kvar åt mig?"
"Your beautiful form," suggested the sea witch
"Din vackra form", föreslog sjöhäxan
"your graceful walk, and your expressive eyes"
"din graciösa promenad och dina uttrycksfulla ögon"
"Surely, with these things you can enchain a man's heart?"
"Visst, med dessa saker kan du fånga en mans hjärta?"
"Well, have you lost your courage?" the sea witch asked
"Nå, har du tappat modet?" frågade sjöhäxan
"Put out your little tongue, so that I can cut it off"
"Räck ut din lilla tunga, så att jag kan skära av den"
"then you shall have the powerful potion"
"då ska du ha den mäktiga drycken"
"It shall be," said the little mermaid
"Det ska bli", sa den lilla sjöjungfrun

Then the witch placed her cauldron on the fire
Sedan satte häxan sin kittel på elden
"Cleanliness is a good thing," said the sea witch
"Renlighet är bra", sa sjöhäxan
she scoured the vessels for the right snake
hon genomsökte kärlen efter den rätta ormen
all the snakes had been tied together in a large knot
alla ormarna hade knutits ihop i en stor knut
Then she pricked herself in the breast
Sedan stack hon sig själv i bröstet

and she let the black blood drop into the caldron
och hon lät det svarta blodet falla ner i grytan
The steam that rose twisted itself into horrible shapes
Ångan som steg vred sig till hemska former
no person could look at the shapes without fear
ingen person kunde titta på formerna utan rädsla
Every moment the witch threw new ingredients into the vessel
Varje ögonblick kastade häxan nya ingredienser i kärlet
finally, with everything inside, the caldron began to boil
äntligen, med allt inuti, började grytan koka
there was the sound like the weeping of a crocodile
där hördes ljudet som grät av en krokodil
and at last the magic potion was ready
och äntligen var trolldrycken klar
despite its ingredients, the potion looked like the clearest water
trots dess ingredienser såg drycken ut som det klaraste vattnet
"There it is, all for you," said the witch
"Där är den, allt för dig", sa häxan
and then she cut off the little mermaid's tongue
och så skar hon av den lilla sjöjungfruns tunga
so that the little mermaid could never again speak, nor sing again
så att den lilla sjöjungfrun aldrig mer kunde tala, inte heller sjunga igen
"the polypi might try and grab you on the way out"
"polypi kan försöka ta tag i dig på vägen ut"
"if they try, throw over them a few drops of the potion"
"om de försöker, kasta över dem några droppar av drycken"
"and their fingers will be torn into a thousand pieces"
"och deras fingrar kommer att slitas i tusen bitar"
But the little mermaid had no need to do this
Men den lilla sjöjungfrun behövde inte göra detta
the polypi sprang back in terror when they saw her
polypi sprang tillbaka i skräck när de såg henne

they saw she had lost her tongue to the sea witch
de såg att hon hade tappat tungan till sjöhäxan
and they saw she was carrying the potion
och de såg att hon bar drycken
the potion shone in her hand like a twinkling star
drycken lyste i hennes hand som en blinkande stjärna

So she passed quickly through the wood and the marsh
Så hon gick snabbt genom skogen och kärret
and she passed between the rushing whirlpools
och hon passerade mellan de brusande virvlarna
soon she made her way back to the palace of her father
snart tog hon sig tillbaka till sin fars palats
all the torches in the ballroom were extinguished
alla facklor i balsalen släcktes
all within the palace must now be asleep
alla i palatset måste nu sova
But she did not go inside to see them
Men hon gick inte in för att se dem
she knew she was going to leave them forever
hon visste att hon skulle lämna dem för alltid
and she knew her heart would break if she saw them
och hon visste att hennes hjärta skulle brista om hon såg dem
she went into the garden one last time
hon gick in i trädgården en sista gång
and she took a flower from each one of her sisters
och hon tog en blomma från var och en av sina systrar
and then she rose up through the dark-blue waters
och sedan reste hon sig genom det mörkblå vattnet

The Little Mermaid Meets the Prince
Den lilla sjöjungfrun möter prinsen

the little mermaid arrived at the prince's palace
den lilla sjöjungfrun anlände till prinsens palats
the sun had not yet risen from the sea
solen hade ännu inte gått upp ur havet
and the moon shone clear and bright in the night
och månen lyste klart och ljust i natten
the little mermaid sat at the beautiful marble steps
den lilla sjöjungfrun satt vid de vackra marmortrapporna
and then the little mermaid drank the magic potion
och så drack den lilla sjöjungfrun trolldrycken
she felt the cut of a two-edged sword cut through her
hon kände hur ett tveeggat svärd skär genom henne
and she fell into a swoon, and lay like one dead
och hon föll i svimning och låg som en död
the sun rose from the sea and shone over the land
solen steg upp ur havet och lyste över landet
she recovered and felt the pain from the cut
hon återhämtade sig och kände smärtan från skärsåret
but before her stood the handsome young prince
men framför henne stod den vackra unge prinsen

He fixed his coal-black eyes upon the little mermaid
Han fäste sina kolsvarta ögon på den lilla sjöjungfrun
he looked so earnestly that she cast down her eyes
han såg så allvarligt att hon slog ner ögonen
and then she became aware that her fish's tail was gone
och då blev hon medveten om att hennes fisks svans var borta
she saw that she had the prettiest pair of white legs
hon såg att hon hade det vackraste paret vita ben
and she had tiny feet, as any little maiden would have
och hon hade små fötter, som vilken liten jungfru som helst
But, having come from the sea, she had no clothes
Men efter att ha kommit från havet hade hon inga kläder

so she wrapped herself in her long, thick hair
så hon svepte in sig i sitt långa, tjocka hår
The prince asked her who she was and whence she came
Prinsen frågade henne vem hon var och varifrån hon kom
She looked at him mildly and sorrowfully
Hon såg milt och sorgset på honom
but she had to answer with her deep blue eyes
men hon fick svara med sina djupblå ögon
because the little mermaid could not speak anymore
för den lilla sjöjungfrun kunde inte prata mer
He took her by the hand and led her to the palace
Han tog henne i handen och ledde henne till palatset

Every step she took was as the witch had said it would be
Varje steg hon tog var som häxan hade sagt att det skulle bli
she felt as if she were treading upon sharp knives
det kändes som om hon trampade på vassa knivar
She bore the pain of her wish willingly, however
Hon bar dock villigt smärtan av sin önskan
and she moved at the prince's side as lightly as a bubble
och hon rörde sig vid prinsens sida så lätt som en bubbla
all who saw her wondered at her graceful, swaying movements
alla som såg henne förundrade sig över hennes graciösa, svajande rörelser
She was very soon arrayed in costly robes of silk and muslin
Hon kläddes mycket snart i kostsamma dräkter av siden och muslin
and she was the most beautiful creature in the palace
och hon var den vackraste varelsen i palatset
but she appeared dumb, and could neither speak nor sing
men hon verkade stum och kunde varken tala eller sjunga

there were beautiful female slaves, dressed in silk and gold
det fanns vackra kvinnliga slavar, klädda i siden och guld
they stepped forward and sang in front of the royal family

de steg fram och sjöng inför kungafamiljen
each slave could sing better than the next one
varje slav kunde sjunga bättre än nästa
and the prince clapped his hands and smiled at her
och prinsen klappade händerna och log mot henne
This was a great sorrow to the little mermaid
Detta var en stor sorg för den lilla sjöjungfrun
she knew how much more sweetly she was able to sing
hon visste hur mycket sötare hon kunde sjunga
"if only he knew I have given away my voice to be with him!"
"om han bara visste att jag har gett bort min röst för att vara med honom!"

there was music being played by an orchestra
det spelades musik av en orkester
and the slaves performed some pretty, fairy-like dances
och slavarna utförde några vackra, feliknande danser
Then the little mermaid raised her lovely white arms
Sedan höjde den lilla sjöjungfrun sina vackra vita armar
she stood on the tips of her toes like a ballerina
hon stod på tåspetsarna som en ballerina
and she glided over the floor like a bird over water
och hon gled över golvet som en fågel över vatten
and she danced as no one yet had been able to dance
och hon dansade eftersom ingen ännu hade kunnat dansa
At each moment her beauty was more revealed
För varje ögonblick var hennes skönhet mer avslöjad
most appealing of all, to the heart, were her expressive eyes
mest tilltalande av allt, för hjärtat, var hennes uttrycksfulla ögon
Everyone was enchanted by her, especially the prince
Alla var förtrollade av henne, särskilt prinsen
the prince called her his deaf little foundling
prinsen kallade henne sitt döva lilla hittebarn
and she happily continued to dance, to please the prince

och hon fortsatte glatt att dansa, för att behaga prinsen
but we must remember the pain she endured for his pleasure
men vi måste komma ihåg smärtan hon utstod för hans nöjes skull
every step on the floor felt as if she trod on sharp knives
varje steg på golvet kändes som om hon trampade på vassa knivar

The prince said she should remain with him always
Prinsen sa att hon alltid skulle vara hos honom
and she was given permission to sleep at his door
och hon fick tillåtelse att sova vid hans dörr
they brought a velvet cushion for her to lie on
de hade med sig en sammetskudde som hon kunde ligga på
and the prince had a page's dress made for her
och prinsen lät göra en pageklänning åt henne
this way she could accompany him on horseback
så kunde hon följa med honom till häst
They rode together through the sweet-scented woods
De red tillsammans genom de doftande skogen
in the woods the green branches touched their shoulders
i skogen rörde de gröna grenarna vid deras axlar
and the little birds sang among the fresh leaves
och småfåglarna sjöng bland de färska löven
She climbed with him to the tops of high mountains
Hon klättrade med honom till toppen av höga berg
and although her tender feet bled, she only smiled
och fastän hennes ömma fötter blödde, log hon bara
she followed him till the clouds were beneath them
hon följde honom tills molnen låg under dem
like a flock of birds flying to distant lands
som en flock fåglar som flyger till avlägsna länder

when all were asleep she sat on the broad marble steps
när alla sov satte hon sig på de breda marmortrapporna

it eased her burning feet to bathe them in the cold water
det lättade på hennes brinnande fötter att bada dem i det kalla vattnet
It was then that she thought of all those in the sea
Det var då hon tänkte på alla som var i havet
Once, during the night, her sisters came up, arm in arm
En gång under natten kom hennes systrar fram, arm i arm
they sang sorrowfully as they floated on the water
de sjöng sorgset när de flöt på vattnet
She beckoned to them, and they recognized her
Hon vinkade till dem, och de kände igen henne
they told her how they had grieved their youngest sister
de berättade för henne hur de hade sörjt sin yngsta syster
after that, they came to the same place every night
efter det kom de till samma plats varje kväll
Once she saw in the distance her old grandmother
En gång såg hon på långt håll sin gamla mormor
she had not been to the surface of the sea for many years
hon hade inte varit till havsytan på många år
and the old Sea King, her father, with his crown on his head
och den gamle sjökungen, hennes far, med sin krona på huvudet
he too came to where she could see him
han kom också dit hon kunde se honom
They stretched out their hands towards her
De sträckte ut sina händer mot henne
but they did not venture as near the land as her sisters
men de vågade sig inte så nära landet som hennes systrar

As the days passed she loved the prince more dearly
Allt eftersom dagarna gick älskade hon prinsen djupare
and he loved her as one would love a little child
och han älskade henne som man skulle älska ett litet barn
The thought never came to him to make her his wife
Tanken kom aldrig till honom att göra henne till sin fru
but, unless he married her, her wish would never come true

men om han inte gifte sig med henne, skulle hennes önskan
aldrig gå i uppfyllelse
unless he married her she could not receive an immortal soul
om han inte gifte sig med henne kunde hon inte ta emot en
odödlig själ
and if he married another her dreams would shatter
och om han gifte sig med en annan skulle hennes drömmar
krossas
on the morning after his marriage she would dissolve
på morgonen efter hans äktenskap skulle hon upplösas
and the little mermaid would become the foam of the sea
och den lilla sjöjungfrun skulle bli havets skum

the prince took the little mermaid in his arms
prinsen tog den lilla sjöjungfrun i sin famn
and he kissed her on her forehead
och han kysste henne på hennes panna
with her eyes she tried to ask him
med ögonen försökte hon fråga honom
"Do you not love me the most of them all?"
"Älskar du mig inte mest av dem alla?"
"Yes, you are dear to me," said the prince
"Ja, du är mig kär", sa prinsen
"because you have the best heart"
"för att du har det bästa hjärtat"
"and you are the most devoted to me"
"och du är den mest hängivna mig"
"You are like a young maiden whom I once saw"
"Du är som en ung jungfru som jag en gång såg"
"but I shall never meet this young maiden again"
"men jag kommer aldrig att träffa denna unga jungfru igen"
"I was in a ship that was wrecked"
"Jag var i ett skepp som förliste"
"and the waves cast me ashore near a holy temple"
"och vågorna kastade mig i land nära ett heligt tempel"
"at the temple several young maidens performed the service"

"vid templet utförde flera unga jungfrur gudstjänsten"
"The youngest maiden found me on the shore"
"Den yngsta jungfrun hittade mig på stranden"
"and the youngest of the maidens saved my life"
"och den yngsta av jungfrorna räddade mitt liv"
"I saw her but twice," he explained
"Jag såg henne bara två gånger," förklarade han
"and she is the only one in the world whom I could love"
"och hon är den enda i världen som jag kan älska"
"But you are like her," he reassured the little mermaid
"Men du är som hon", försäkrade han den lilla sjöjungfrun
"and you have almost driven her image from my mind"
"och du har nästan drivit bort hennes bild från mitt sinne"
"She belongs to the holy temple"
"Hon tillhör det heliga templet"
"good fortune has sent you instead of her to me"
"lyckan har skickat dig istället för henne till mig"
"We will never part," he comforted the little mermaid
"Vi kommer aldrig skiljas", tröstade han den lilla sjöjungfrun

but the little mermaid could not help but sigh
men den lilla sjöjungfrun kunde inte låta bli att sucka
"he knows not that it was I who saved his life"
"han vet inte att det var jag som räddade hans liv"
"I carried him over the sea to where the temple stands"
"Jag bar honom över havet till där templet står"
"I sat beneath the foam till the human came to help him"
"Jag satt under skummet tills människan kom för att hjälpa honom"
"I saw the pretty maiden that he loves"
"Jag såg den vackra jungfrun som han älskar"
"the pretty maiden that he loves more than me"
"den vackra jungfrun som han älskar mer än mig"
The mermaid sighed deeply, but she could not weep
Sjöjungfrun suckade djupt, men hon kunde inte gråta
"He says the maiden belongs to the holy temple"

"Han säger att jungfrun tillhör det heliga templet"
"therefore she will never return to the world"
"Därför kommer hon aldrig tillbaka till världen"
"they will meet no more," the little mermaid hoped
"de kommer inte att träffas mer", hoppades den lilla sjöjungfrun
"I am by his side and see him every day"
"Jag är vid hans sida och ser honom varje dag"
"I will take care of him, and love him"
"Jag ska ta hand om honom och älska honom"
"and I will give up my life for his sake"
"och jag ska ge upp mitt liv för hans skull"

The Day of the Wedding
Bröllopsdagen

Very soon it was said that the prince was going to marry
Mycket snart sades det att prinsen skulle gifta sig
there was the beautiful daughter of a neighbouring king
där fanns den vackra dottern till en granne kung
it was said that she would be his wife
det sades att hon skulle bli hans hustru
for the occasion a fine ship was being fitted out
för tillfället hölls ett fint fartyg på att utrustas
the prince said he intended only to visit the king
prinsen sa att han bara hade för avsikt att besöka kungen
they thought he was only going so as to meet the princess
de trodde att han bara skulle gå för att träffa prinsessan
The little mermaid smiled and shook her head
Den lilla sjöjungfrun log och skakade på huvudet
She knew the prince's thoughts better than the others
Hon kände till prinsens tankar bättre än de andra

"I must travel," he had said to her
"Jag måste resa", hade han sagt till henne
"I must see this beautiful princess"
"Jag måste se denna vackra prinsessa"
"My parents want me to go and see her"
"Mina föräldrar vill att jag ska gå och träffa henne"
"but they will not oblige me to bring her home as my bride"
"men de kommer inte att tvinga mig att ta hem henne som min brud"
"you know that I cannot love her"
"du vet att jag inte kan älska henne"
"because she is not like the beautiful maiden in the temple"
"för att hon inte är som den vackra jungfrun i templet"
"the beautiful maiden whom you resemble"
"den vackra jungfrun som du liknar"
"If I were forced to choose a bride, I would choose you"

"Om jag tvingades välja en brud, skulle jag välja dig"
"my deaf foundling, with those expressive eyes"
"min döva hittebarn, med dessa uttrycksfulla ögon"
Then he kissed her rosy mouth
Sedan kysste han hennes rosa mun
and he played with her long, waving hair
och han lekte med hennes långa, viftande hår
and he laid his head on her heart
och han lade sitt huvud på hennes hjärta
she dreamed of human happiness and an immortal soul
hon drömde om mänsklig lycka och en odödlig själ

they stood on the deck of the noble ship
de stod på däcket på det adliga skeppet
"You are not afraid of the sea, are you?" he said
"Du är väl inte rädd för havet?" sa han
the ship was to carry them to the neighbouring country
fartyget skulle föra dem till grannlandet
Then he told her of storms and of calms
Sedan berättade han för henne om stormar och om lugn
he told her of strange fishes deep beneath the water
han berättade för henne om konstiga fiskar djupt under vattnet
and he told her of what the divers had seen there
och han berättade för henne vad dykarna hade sett där
She smiled at his descriptions, slightly amused
Hon log åt hans beskrivningar, lite road
she knew better what wonders were at the bottom of the sea
hon visste bättre vilka underverk som fanns på havets botten

the little mermaid sat on the deck at moonlight
den lilla sjöjungfrun satt på däck i månsken
all on board were asleep, except the man at the helm
alla ombord sov, utom mannen vid rodret
and she gazed down through the clear water
och hon stirrade ner genom det klara vattnet

She thought she could distinguish her father's castle
Hon trodde att hon kunde urskilja sin fars slott
and in the castle she could see her aged grandmother
och i slottet kunde hon se sin åldrade mormor
Then her sisters came out of the waves
Sedan kom hennes systrar upp ur vågorna
and they gazed at their sister mournfully
och de stirrade sorgset på sin syster
She beckoned to her sisters, and smiled
Hon vinkade till sina systrar och log
she wanted to tell them how happy and well off she was
hon ville berätta för dem hur glad och bra hon hade det
But the cabin boy approached and her sisters dived down
Men stugpojken närmade sig och hennes systrar dök ner
he thought what he saw was the foam of the sea
han trodde att det han såg var havets skum

The next morning the ship got into the harbour
Nästa morgon kom fartyget in i hamnen
they had arrived in a beautiful coastal town
de hade anlänt till en vacker kuststad
on their arrival they were greeted by church bells
vid ankomsten möttes de av kyrkklockor
and from the high towers sounded a flourish of trumpets
och från de höga tornen lät en blomstring av trumpeter
soldiers lined the roads through which they passed
soldater kantade vägarna som de passerade
Soldiers, with flying colors and glittering bayonets
Soldater, med glans och glittrande bajonetter
Every day that they were there there was a festival
Varje dag de var där var det en festival
balls and entertainments were organised for the event
baler och underhållning anordnades för evenemanget
But the princess had not yet made her appearance
Men prinsessan hade ännu inte dök upp
she had been brought up and educated in a religious house

hon hade blivit uppfostrad och utbildad i ett religiöst hus
she was learning every royal virtue of a princess
hon lärde sig varje kunglig dygd hos en prinsessa

At last, the princess made her royal appearance
Äntligen gjorde prinsessan sitt kungliga framträdande
The little mermaid was anxious to see her
Den lilla sjöjungfrun var angelägen om att se henne
she had to know whether she really was beautiful
hon var tvungen att veta om hon verkligen var vacker
and she was obliged to admit she really was beautiful
och hon var tvungen att erkänna att hon verkligen var vacker
she had never seen a more perfect vision of beauty
hon hade aldrig sett en mer perfekt vision av skönhet
Her skin was delicately fair
Hennes hud var ömtåligt ljus
and her laughing blue eyes shone with truth and purity
och hennes skrattande blå ögon lyste av sanning och renhet
"It was you," said the prince
"Det var du", sa prinsen
"you saved my life when I lay as if dead on the beach"
"du räddade mitt liv när jag låg som död på stranden"
"and he held his blushing bride in his arms"
"och han höll sin rodnande brud i famnen"

"Oh, I am too happy!" said he to the little mermaid
"Åh, jag är för glad!" sa han till den lilla sjöjungfrun
"my fondest hopes are now fulfilled"
"mina djupaste förhoppningar är nu uppfyllda"
"You will rejoice at my happiness"
"Du kommer att glädja dig över min lycka"
"because your devotion to me is great and sincere"
"eftersom din hängivenhet till mig är stor och uppriktig"
The little mermaid kissed the prince's hand
Den lilla sjöjungfrun kysste prinsens hand
and she felt as if her heart were already broken

och det kändes som om hennes hjärta redan var krossat
the morning of his wedding was going to bring death to her
morgonen på hans bröllop skulle leda till döden för henne
she knew she was to become the foam of the sea
hon visste att hon skulle bli havets skum

the sound of the church bells rang through the town
ljudet av kyrkklockorna ringde genom staden
the heralds rode through the town proclaiming the betrothal
härolderna red genom staden och utropade trolovningen
Perfumed oil was burned in silver lamps on every altar
Parfymerad olja brändes i silverlampor på varje altare
The priests waved the censers over the couple
Prästerna viftade med rökelsekaret över paret
and the bride and the bridegroom joined their hands
och bruden och brudgummen förenade sina händer
and they received the blessing of the bishop
och de fick biskopens välsignelse
The little mermaid was dressed in silk and gold
Den lilla sjöjungfrun var klädd i siden och guld
she held up the bride's dress, in great pain
hon höll upp brudens klänning, med stor smärta
but her ears heard nothing of the festive music
men hennes öron hörde ingenting av den festliga musiken
and her eyes saw not the holy ceremony
och hennes ögon såg inte den heliga ceremonin
She thought of the night of death coming to her
Hon tänkte på att dödsnatten skulle komma till henne
and she mourned for all she had lost in the world
och hon sörjde över allt hon förlorat i världen

that evening the bride and bridegroom boarded the ship
den kvällen gick bruden och brudgummen ombord på skeppet
the ship's cannons were roaring to celebrate the event
fartygets kanoner vrålade för att fira händelsen

and all the flags of the kingdom were waving
och alla rikets flaggor vajade
in the centre of the ship a tent had been erected
i mitten av fartyget hade ett tält rests
in the tent were the sleeping couches for the newlyweds
i tältet fanns sovsofforna för de nygifta
the winds were favourable for navigating the calm sea
vindarna var gynnsamma för att navigera i det lugna havet
and the ship glided as smoothly as the birds of the sky
och skeppet gled jämnt som himlens fåglar

When it grew dark, a number of colored lamps were lighted
När det blev mörkt tändes ett antal färgade lampor
the sailors and royal family danced merrily on the deck
sjömännen och kungafamiljen dansade glatt på däck
The little mermaid could not help thinking of her birthday
Den lilla sjöjungfrun kunde inte låta bli att tänka på sin födelsedag
the day that she rose out of the sea for the first time
dagen då hon steg upp ur havet för första gången
similar joyful festivities were celebrated on that day
liknande glada festligheter firades den dagen
she thought about the wonder and hope she felt that day
hon tänkte på förundran och hoppet hon kände den dagen
with those pleasant memories, she too joined in the dance
med de trevliga minnen, gick hon också med i dansen
on her paining feet, she poised herself in the air
på sina smärtande fötter ställde hon sig i luften
the way a swallow poises itself when in pursued of prey
hur en svala balanserar sig när den förföljs efter byte
the sailors and the servants cheered her wonderingly
sjömännen och tjänstefolket jublade henne förundrat
She had never danced so gracefully before
Hon hade aldrig dansat så graciöst förut
Her tender feet felt as if cut with sharp knives
Hennes ömma fötter kändes som skurna med vassa knivar

but she cared little for the pain of her feet
men hon brydde sig lite om fötternas smärta
there was a much sharper pain piercing her heart
det var en mycket skarpare smärta som genomborrade hennes hjärta

She knew this was the last evening she would ever see him
Hon visste att detta var den sista kvällen hon någonsin skulle se honom
the prince for whom she had forsaken her kindred and home
prinsen för vilken hon hade övergivit sin släkt och sitt hem
She had given up her beautiful voice for him
Hon hade gett upp sin vackra röst för honom
and every day she had suffered unheard-of pain for him
och varje dag hade hon lidit ohörd smärta för honom
she suffered all this, while he knew nothing of her pain
hon led allt detta, medan han inte visste något om hennes smärta
it was the last evening she would breath the same air as him
det var sista kvällen hon andades samma luft som han
it was the last evening she would gaze on the same starry sky
det var sista kvällen hon stirrade på samma stjärnhimmel
it was the last evening she would gaze into the deep sea
det var den sista kvällen hon skulle blicka ut i det djupa havet
it was the last evening she would gaze into the eternal night
det var den sista kvällen hon skulle blicka in i den eviga natten
an eternal night without thoughts or dreams awaited her
en evig natt utan tankar eller drömmar väntade henne
She was born without a soul, and now she could never win one
Hon föddes utan en själ, och nu kunde hon aldrig vinna en

All was joy and gaiety on the ship until long after midnight

Allt var glädje och munterhet på fartyget till långt efter midnatt
She smiled and danced with the others on the royal ship
Hon log och dansade med de andra på kungaskeppet
but she danced while the thought of death was in her heart
men hon dansade medan tanken på döden fanns i hennes hjärta
she had to watch the prince dance with the princess
hon var tvungen att se prinsen dansa med prinsessan
she had to watch when the prince kissed his beautiful bride
hon var tvungen att titta på när prinsen kysste sin vackra brud
she had to watch her play with the prince's raven hair
hon var tvungen att se henne leka med prinsens korphår
and she had to watch them enter the tent, arm in arm
och hon var tvungen att se dem gå in i tältet, arm i arm

After the Wedding
Efter bröllopet

After they had gone all became still on board the ship
Efter att de hade gått blev allt stilla ombord på fartyget
only the pilot, who stood at the helm, was still awake
bara piloten, som stod vid rodret, var fortfarande vaken
The little mermaid leaned on the edge of the vessel
Den lilla sjöjungfrun lutade sig mot kärlets kant
she looked towards the east for the first blush of morning
hon tittade mot öster för morgonrodnadens första rodnad
the first ray of the dawn, which was to be her death
gryningens första stråle, som skulle bli hennes död
from far away she saw her sisters rising out of the sea
på långt håll såg hon sina systrar stiga upp ur havet
They were as pale with fear as she was
De var lika bleka av rädsla som hon
but their beautiful hair no longer waved in the wind
men deras vackra hår vajade inte längre i vinden
"We have given our hair to the witch," said they
"Vi har gett vårt hår till häxan", sa de
"so that you do not have to die tonight"
"så att du inte behöver dö ikväll"
"for our hair we have obtained this knife"
"för vårt hår har vi fått den här kniven"
"Before the sun rises you must use this knife"
"Innan solen går upp måste du använda den här kniven"
"you must plunge the knife into the heart of the prince"
"du måste kasta kniven i prinsens hjärta"
"the warm blood of the prince must fall upon your feet"
"prinsens varma blod måste falla på dina fötter"
"and then your feet will grow together again"
"och då kommer dina fötter att växa ihop igen"
"where you have legs you will have a fish's tail again"
"där du har ben kommer du att ha en fisksvans igen"

"**and where you were human you will once more be a mermaid**"
"och där du var människa kommer du återigen att vara en sjöjungfru"
"**then you can return to live with us, under the sea**"
"då kan du återvända och bo hos oss, under havet"
"**and you will be given your three hundred years of a mermaid**"
"och du kommer att få dina trehundra år av en sjöjungfru"
"**and only then will you be changed into the salty sea foam**"
"och först då kommer du att förvandlas till det salta havsskummet"
"**Haste, then; either he or you must die before sunrise**"
"Skynda dig, antingen han eller du måste dö före soluppgången"
"**our old grandmother mourns for you day and night**"
"vår gamla mormor sörjer över dig dag och natt"
"**her white hair is falling out**"
"hennes vita hår faller av"
"**just as our hair fell under the witch's scissors**"
"precis som vårt hår föll under häxans sax"
"**Kill the prince, and come back,**" they begged her
"Döda prinsen och kom tillbaka", bad de henne
"**Do you not see the first red streaks in the sky?**"
"Ser du inte de första röda stråken på himlen?"
"**In a few minutes the sun will rise, and you will die**"
"Om några minuter går solen upp och du kommer att dö"
having done their best, her sisters sighed deeply
efter att ha gjort sitt bästa, suckade hennes systrar djupt
mournfully her sisters sank back beneath the waves
sorgset sjönk hennes systrar tillbaka under vågorna
and the little mermaid was left with the knife in her hands
och den lilla sjöjungfrun blev kvar med kniven i händerna

she drew back the crimson curtain of the tent
hon drog tillbaka tältets karmosinröda gardin

and in the tent she saw the beautiful bride
och i tältet såg hon den vackra bruden
her face was resting on the prince's breast
hennes ansikte vilade på prinsens bröst
and then the little mermaid looked at the sky
och så tittade den lilla sjöjungfrun mot himlen
on the horizon the rosy dawn grew brighter and brighter
vid horisonten blev den rosa gryningen ljusare och ljusare
She glanced at the sharp knife in her hands
Hon tittade på den vassa kniven i händerna
and again she fixed her eyes on the prince
och återigen fäste hon blicken på prinsen
She bent down and kissed his noble brow
Hon böjde sig ner och kysste hans ädla panna
he whispered the name of his bride in his dreams
han viskade namnet på sin brud i sina drömmar
he was dreaming of the princess he had married
han drömde om prinsessan han hade gift sig med
the knife trembled in the hand of the little mermaid
kniven darrade i handen på den lilla sjöjungfrun
but she flung the knife far into the sea
men hon kastade kniven långt i havet

where the knife fell the water turned red
där kniven föll blev vattnet rött
the drops that spurted up looked like blood
dropparna som sprutade upp såg ut som blod
She cast one last look upon the prince she loved
Hon kastade en sista blick på prinsen hon älskade
the sun pierced the sky with its golden arrows
solen genomborrade himlen med sina gyllene pilar
and she threw herself from the ship into the sea
och hon kastade sig från skeppet i havet
the little mermaid felt her body dissolving into foam
den lilla sjöjungfrun kände hur hennes kropp löstes upp till skum

and all that rose to the surface were bubbles of air
och allt som steg upp till ytan var luftbubblor
the sun's warm rays fell upon the cold foam
solens varma strålar föll på det kalla skummet
but she did not feel as if she were dying
men det kändes inte som om hon var döende
in a strange way she felt the warmth of the bright sun
på ett märkligt sätt kände hon värmen från den strålande solen
she saw hundreds of beautiful transparent creatures
hon såg hundratals vackra genomskinliga varelser
the creatures were floating all around her
varelserna flöt runt omkring henne
through the creatures she could see the white sails of the ships
genom varelserna kunde hon se fartygens vita segel
and between the sails of the ships she saw the red clouds in the sky
och mellan fartygens segel såg hon de röda molnen på himlen
Their speech was melodious and childlike
Deras tal var melodiskt och barnsligt
but their speech could not be heard by mortal ears
men deras tal kunde inte höras av dödliga öron
nor could their bodies be seen by mortal eyes
inte heller kunde deras kroppar ses av dödliga ögon
The little mermaid perceived that she was like them
Den lilla sjöjungfrun förstod att hon var som dem
and she felt that she was rising higher and higher
och hon kände att hon steg högre och högre
"Where am I?" asked she, and her voice sounded ethereal
"Var är jag?" frågade hon, och hennes röst lät eterisk
there is no earthly music that could imitate her
det finns ingen jordisk musik som skulle kunna imitera henne
"you are among the daughters of the air," answered one of them
"du är bland luftens döttrar", svarade en av dem

"A mermaid has not an immortal soul"
"En sjöjungfru har inte en odödlig själ"
"nor can mermaids obtain immortal souls"
"inte heller kan sjöjungfrur få odödliga själar"
"unless she wins the love of a human being"
"om hon inte vinner kärleken till en människa"
"on the will of another hangs her eternal destiny"
"på en annans vilja hänger hennes eviga öde"
"like you, we do not have immortal souls either"
"som du har vi inte heller odödliga själar"
"but we can obtain an immortal soul by our deeds"
"men vi kan få en odödlig själ genom våra gärningar"
"We fly to warm countries and cool the sultry air"
"Vi flyger till varma länder och kyler den kvava luften"
"the heat that destroys mankind with pestilence"
"värmen som förstör mänskligheten med pest"
"We carry the perfume of the flowers"
"Vi bär blommornas parfym"
"and we spread health and restoration"
"och vi sprider hälsa och återhämtning"

"for three hundred years we travel the world like this"
"i tre hundra år reser vi jorden runt så här"
"in that time we strive to do all the good in our power"
"på den tiden strävar vi efter att göra allt gott som står i vår makt"
"if we succeed we receive an immortal soul"
"om vi lyckas får vi en odödlig själ"
"and then we too take part in the happiness of mankind"
"och då tar vi också del av mänsklighetens lycka"
"You, poor little mermaid, have done your best"
"Du, stackars lilla sjöjungfru, har gjort ditt bästa"
"you have tried with your whole heart to do as we are doing"
"du har försökt av hela ditt hjärta att göra som vi gör"
"You have suffered and endured an enormous pain"
"Du har lidit och utstått en enorm smärta"

"by your good deeds you raised yourself to the spirit world"
"genom dina goda gärningar upphöjde du dig till andevärlden"
"and now you will live alongside us for three hundred years"
"och nu ska du leva bredvid oss i tre hundra år"
"by striving like us, you may obtain an immortal soul"
"genom att sträva som vi kan du få en odödlig själ"
The little mermaid lifted her glorified eyes toward the sun
Den lilla sjöjungfrun lyfte sina förhärligade ögon mot solen
for the first time, she felt her eyes filling with tears
för första gången kände hon hur ögonen fylldes med tårar

On the ship she had left there was life and noise
På fartyget hon lämnat var det liv och buller
she saw the prince and his beautiful bride searching for her
hon såg prinsen och hans vackra brud leta efter henne
Sorrowfully, they gazed at the pearly foam
Sorgsfullt stirrade de på det pärlemorfärgade skummet
it was as if they knew she had thrown herself into the waves
det var som om de visste att hon hade kastat sig i vågorna
Unseen, she kissed the forehead of the bride
Osett kysste hon brudens panna
and then she rose with the other children of the air
och så reste hon sig med luftens andra barn
together they went to a rosy cloud that floated above
tillsammans gick de till ett rosa moln som flöt ovanför

"After three hundred years," one of them started explaining
"Efter trehundra år", började en av dem förklara
"then we shall float into the kingdom of heaven," said she
"då skall vi sväva in i himmelriket", sa hon
"And we may even get there sooner," whispered a companion
"Och vi kanske till och med kommer dit tidigare", viskade en följeslagare
"Unseen we can enter the houses where there are children"

"Osedda kan vi gå in i husen där det finns barn"
"in some of the houses we find good children"
"i några av husen hittar vi bra barn"
"these children are the joy of their parents"
"dessa barn är deras föräldrars glädje"
"and these children deserve the love of their parents"
"och dessa barn förtjänar sina föräldrars kärlek"
"such children shorten the time of our probation"
"sådana barn förkortar vår prövotid"
"The child does not know when we fly through the room"
"Barnet vet inte när vi flyger genom rummet"
"and they don't know that we smile with joy at their good conduct"
"och de vet inte att vi ler av glädje över deras goda uppförande"
"because then our judgement comes one day sooner"
"för då kommer vår dom en dag tidigare"
"But we see naughty and wicked children too"
"Men vi ser stygga och onda barn också"
"when we see such children we shed tears of sorrow"
"när vi ser sådana barn fäller vi tårar av sorg"
"and for every tear we shed a day is added to our time"
"och för varje tår vi fäller läggs en dag till vår tid"

www.tranzlaty.com

www.ingramcontent.com/pod-product-compliance
Lightning Source LLC
Chambersburg PA
CBHW012007090526
44590CB00026B/3918